AF396327

RAPPORT MÉDICAL.

ADRESSÉ

A MONSIEUR LE DOCTEUR PETIT,

Officier de la Legion d'Honneur, Premier Medecin en chef de la Marine
Imperiale, chef du service de sante a l'île de la Reunion.

SUR

L'état sanitaire des passagers Indiens du navire le JEUNE ALBERT, depuis leur embarquement à Pondichéry jusqu'à ce jour.

PAR

M. HIPPOLYTE BERNAVON,

Ex Medecin requis des hôpitaux militaires de Marseille et de
Toulon, Ancien chirurgien de la Marine Imperiale, chirurgien
d'émigration, délegué du Gouvernement Français, Médaille
par son Excellence M. le Ministre des travaux publics.
(Marseille, Choléra 1854.)

IMPRIMERIE DE VITAL DELVAL.

1859.

1861

Quæque ipse miserrima vidi,
. . . . . . Quis, talia fando,
. . . . ? .
Temperet a lacrymis ?

Virgile (Enéide , Liv. II.

Monsieur le Médecin en Chef,

Avant de quitter la terre qui pour nous fut le sol hospitalier, permettez-moi de porter à votre connaissance le récit de nos infortunes, l'odyssée de nos malheurs.

Le navire le *Jeune Albert*, en cours d'opération dans le Nord de l'Inde, fut rappelé de Bimlipatam à Pondichéry pour recevoir une nouvelle destination et prendre un convoi de 464 Indiens engagés pour les Antilles françaises.

Arrivé à Pondichéry, le *Jeune Albert* pat commencer quelques jours après ses travaux d'intallation, et fut en état de prendre la mer un mois après environ ; il mit à la voile le 28 juin, à une heure de l'après-midi.

Le nombre de ses passagers s'élevait à 502, et formait un effectif de 464 engagés, les enfants de 5 à 12 ans et ceux en bas âge ne comptant point pour un homme. — 228 Indiens provenaient des dépôts de Pondichéry , et 274 de ceux de Karikal ; ils avaient néanmoins été tous embarqués à Pondichéry.

Je fus tout d'abord frappé de l'apparence chétive et des traits amaigris des Indiens qui avaient été dirigés sur notre bord : ceux de Pondichéry paraissaient cependant assez forts et d'une certaine propreté ; mais ceux de Karikal , les femmes surtout, avaient les joues enfoncées, les yeux creux et les membres d'une ténuité à exciter la compassion. De plus, ils demandaient tous à manger par des prosternations et des gestes câlins qui faisaient supposer qu'ils n'avaient pas satisfait depuis longtemps leur appétit.

Je pouvais, il est vrai, refuser un pareil convoi et prévenir par là les tristes évènements qui sont survenus depuis. Mais , comme je l'ai déjà dit , les Indiens de Pondichéry étaient acceptables, et ceux de Karikal déjà acceptés par un confrère plus éclairé et de plus d'expérience. Et d'ailleurs, ces gens-là , arrivés depuis quelques heures seulement à Pondichéry, sur un petit caboteur du pays, étaient tous dans un tel état d'abattement causé par le mal de mer, qu'ils étaient incapables de fournir , même à un interprète parlant leur langue, les moindres renseignements. Enfin, tout le monde me conseillait de hâter le départ ; à terre , chacun me disait : Prenez, prenez toujours ! a peine habitués à la mer et à la nourriture saine et abondante du bord , vos Indiens engraisseront à vue d'œil ! Rien n'est meilleur à la santé qu'un voyage en mer ; le repos, l'air vif et pur feront bien vite disparaître toute apparence de maladie.

Depuis, mon opinion sur les bons effets des voyages en mer est bien changée. Qu'un jeune lord ayant le spleen promène ses ennuis sur un yacht pavoisé, qu'un languissant poitrinaire aille demander à un autre soleil de réchauffer ses membres engourdis, ceux-là peut-être pourront voir leur santé se ranimer momentanément et se sentiront peut-être renaître à la vie. Mais qu'on entasse des centaines d'individus entre les planches mal-jointes d'un entrepont, que le mètre en main on leur mesure la quantité d'air qu'ils auront à respirer, l'espace encombré qu'ils pourront parcourir pour exercer leurs membres, et puis que de ces gens-là, on puisse, on ose dire que si avant leur embarquement ils sont faible, pâles, chétis, débilités, le voyage et l'air pur de la mer corrigeront bien vite *ces petites misères*, on aura, à mon avis, et à celui de tous les gens sensés émis une idée absurde que le bon sens et la raison ne peuvent admettre.

Loin de moi cependant la pensée de jeter le moindre blâme sur la manière dont est administrée à Pondichéry l'émigration de l'Inde ainsi qu'à Karikal; mais quand on pense aux tristes résultats obtenus précédemment par quelques navires et à l'effrayante mortalité survenue quelquefois parmi leurs passagers Malabars, l'on se demande tout de suite si les navires qui ont supporté de telles pertes n'avaient reçu que des gens valides et bien portants, exempts surtout de toute affection chronique.

A cela l'on peut me répondre, je le sais, que le chirurgien du bord, assisté d'un médecin de la Marine Impériale, visite lui-même, au jour de l'embarquement, les sujets qui lui sont présentés et qu'il a le pouvoir d'accepter ou de refuser qui bon lui semble. — Oui, mais cette visite, pour dès raisons que je n'ai pas à comprendre, n'est que superficielle et incomplète, c'est plutôt un coup d'œil synoptique qu'une inspection attentive et scrupuleuse. Et puis, comment juger de ce qu'on ne voit pas ? Car, ce jour là seulement, peut-être par un pur effet du hasard, les Indiens sont affublés de pantalons et de chemises ou d'autres vetements dont la pudeur ne permet point de les débarrasser ni *secreto* ni *coram populo*.

Sans être un de ces beaux navires cités pour la capacité de leurs flancs et la rapidité de leur marche, le *Jeune Albert* est encore un joli petit trois-mâts carré affectant les formes du clipper et se recommandant surtout par la solidité de sa construction. Il jauge 518 tonneaux, a vingt-deux hommes d'équipage et est muni d'un entrepont vaste et aéré autant que faire se peut ; en un mot, ses emménagements ne laissent pas trop à désirer et il est assez convenable au genre de voyage qu'il vient d'entreprendre.

La seule chose qu'on puisse lui reprocher est l'encombrement forcé de son pont, inconvénient que je jugerai toujours assez grave puisqu'il ne permet pas à tous les engagés de se tenir sur le pont pendant la plus grande partie de la journée. Son hôpital placé dans l'entrepont, à la partie la plus étroite et dans l'ancien logement ou poste de l'équipage, laissait aussi beaucoup à désirer manquant de jour et d'air, et avait le désagrément de se trouver situé à l'endroit le plus humide et en même temps le plus sensible au tangage , mais sur ma demande et mes observations le capitaine remédia à cet état de choses en faisant transférer l'hôpital dans un roufle situé sur le pont, qui maintenant n'est plus que l'avant-chambre ou avant carré des officiers.

Le *Jeune Albert* reçut ses passagers à bord le 26 juin et ne put mettre à la voile que le 28.

Le 27, six malades s'étaient présenté à ma visite : un atteint d'aliénation mentale; trois de maladies vénériennes et deux de plaies aux jambes.

Le 12, jour de notre appareillage , mon hôpital était déjà au complet; j'avais en tout 16 malades, dont ceux de la veille et 4 nouveaux entrants parmi lesquels il faut remarquer 4 maladies vénériennes et 2 cas de dysenterie chronique.

Deux jours après (1er juillet) le chiffre de mes malades s'élevait de 16 à 24; les maladies vénériennes avaient atteint le chiffre 10 et la dysenterie 7.

Le jour suivant (2 juillet) je comptais en plus 30 galeux , 12 maladies vénériennes et 13 cas de dysenterie.

Nos malades avaient donc augmenté dans l'espace de quelques jours d'une manière effrayante ; leur nombre s'était presque subitement élevé de 6 à soixante et quelques. Les dysentériques étaient tous gravement malades et transis par le froid et l'humidité ; — la pluie n'avait cessé de tomber avec abondance depuis le jour de notre départ et la mer était très mauvaise. Mes malades étaient tous dans un état

complet de prostration , causé par le mal de mer, qui les
rendait incapables de prendre ou de supporter le moindre
médicament. Bien plus, ceux qui étaient bien portants loin
de venir en aide à leurs amis malades ne voulaient ni n'o-
saient bouger ou faire un pas, ils restaient accroupis dans
l'entrepont dont ils ne sortaient, ni pour aller prendre leur
nourriture, ni pour vaquer à des besoins plus impérieux.

Il fut bien difficile, dans ces premiers jours, de trouver
quelques indiens plus courageux que les autres et portés
d'assez bonne volonté pour accepter les fonctions de cui-
sinier, qui, vu le mauvais temps et l'inhabilité de ceux
qui les remplissaient, pouvaient ne pas être sans danger.
La nuit nous surprenait toujours avant que la distribution
du riz ne fût faite, et cependant cet aliment était la plupart
du temps laissé presque intact dans les gamelles.

Cet état de choses cessa bientôt, il est vrai : nos indiens
s'habituèrent peu à peu à leur nouveau genre de vie ainsi
qu'au mouvement du navire. Mais les malades ne cessèrent
d'arriver plus nombreux de jour et de nuit; j'en pus compter à cette époque près de 90. Les dysentériques étaient au
nombre de 36 , les maladies vénériennes et les galeux
représentaient un chiffre total très élevé de 50 qui, loin de
diminuer, ne fit qu'aller en augmentant.

La moitié de notre équipage, couché sur les cadres,
avait contracté la dysenterie; l'autre moitié presque démo-
ralisée était insuffisante à la manœuvre du navire , et par
malheur, la pluie était sans cesse et le temps toujours très
mauvais.

Le capitaine lui-même fut malade pendant toute cette traversée, ainsi que le second. Trois personnes valides restèrent seulement parmi les officiers : le lieutenant, l'interprète et moi ; à nous trois échut toute la tâche, et je puis dire que nous l'ayons souvent accomplie au détriment de notre repos.

Le 11 juillet, dans la nuit, un enfant de sept ans mourut de la dysenterie chronique, et fut bientôt suivi de deux autres personnes.

Le 20, nous eûmes encore à enregistrer un autre décès : c'était le cinquième depuis notre départ de Pondichéry, en comptant la mort d'un homme survenue par accident. (Le nommé Étian avait disparu dans la nuit du 13 au 14; on a supposé qu'il avait été emporté par un coup de mer.)

Le 21 juillet, à trois heures du soir, nous aperçûmes la terre de Maurice devant laquelle nous jetâmes l'ancre le 22 à dix heures du matin, à la grande joie de tout le monde, après 24 longs jours d'ennui, de souffrance et de mauvais temps !

La dysenterie qui a sévi parmi nous, pendant notre traversée de Pondichéry à Maurice, m'a causé de justes appréhensions, car j'ai cru un instant qu'aucune espèce de médication ne pourrait enrayer sa marche. L'ipéca, si proné comme anti-dysentérique, n'a eu auprès de mes malades aucun succès ; le calomel a été aussi sans effet ; enfin ces deux médicaments, unis à l'opium (pilules de Segond) n'ont pu réussir davantage.

Mais ce qui m'a été d'un grand secours et m'a procuré

même de véritables succès, c'est l'emploi du nitrate d'ar
gent cristallisé donné en lavement à la dose de cinq à huit
décigrammes. Je dis de véritables succès, parce que je n'ai
perdu qu'un malade sur dix, alors que la dysenterie enlève
toujours la moitié des personnes atteintes lorsqu'elle sévit
à bord des navires chargés d'émigrants. (1)

J'ai guéri encore en peu de jours, par le sous-nitrate de
bismuth donné à haute dose, deux personnes assez gravement malades.

Plusieurs de nos passagers se sont embarqués ayant
la dysenterie depuis long-temps , quelques-uns même
depuis plusieurs mois : ce sont ceux-là qui, plus malades
et plus affaiblis que les autres, ont succombé pendant la
traversée.

Des quatre personnes qui sont mortes , trois étaient atteintes depuis deux mois et demi, et un, au dire de quelques émigrants vieux hôtes du dépôt de Pondichéry, depuis
plus long-temps encore. Aucun d'eux, cependant, n'avait
jamais reçu aucune espèce de soins.

J'attribue le développement de la dysenterie chez les
autres Indiens qui l'ont contractée à bord, aux circonstances hygiéniques et au milieu insalubre dans lequel ils se
sont trouvés. La nourriture n'a pu influer en rien sur l'ap-

(1) J'avais 41 personnes atteintes de dysenterie , savoir :
36 Indiens, 3 matelots, 1 mousse et 1 officier.

parition de cette maladie, non plus que la manière de la préparer.

Quant aux vénériens et aux galeux, je suis sûr et certain qu'ils étaient affectés au moment même de leur embarquement; il m'a suffi de les examiner pour me convaincre que ces maladies étaient anciennes et dataient de long-temps. J'ai tenu et fait en sorte que les personnes infectées n'aient ni contact ni rapport avec les autres passagers.

Le but de notre relâche à Maurice était de renouveler notre provision d'eau et nous munir de quelques vivres frais. Nous avions aussi à changer quelques-unes de nos pièces à eau qui n'étaient plus en état de faire un long usage.

Le jour même de notre arrrivée, nous parlementâmes avec le canot de la santé qui partit sans nous donner grand espoir de pouvoir communiquer, ce qui devenait pourtant presque indispensable, vu le mauvais état de nos pièces à eau et la triste position dans laquelle se trouvaient nos hommes d'équipage.

Le lendemain une embarcation du port vint nous faire des signaux; on lui fila la baleinière où les gens de l'embarcation déposèrent aussitôt un pli avec la même terreur et les mêmes précautions que l'on prendrait pour éviter le contact d'un pestiféré.

Ce pli renfermait l'ordre d'aller porter nos misères ailleurs. Cette mesure était fondée, de la part de la Direction du port, sur un ordre du Gouvernement daté de deux ans, et qui n'avait pas encore été mis en vigueur, par lequel il était interdit à tout navire étranger ayant des Indiens à bord et venant de tout autre endroit que Madras, Bombay ou Calcutta, de mouiller en rade, et de la part du Conseil de santé, sur l'existence d'un cas de varicelle pendant notre traversée. Ce cas de varicelle, guéri depuis dix jours, avait été unique et isolé.

Le vent étant contraire et ne permettant point l'appareillage, on nous toléra d'assez mauvaise grâce. Mais le jour suivant, 25 juillet, on vint nous rappeler qu'il fallait partir, et on nous pria de lever l'ancre. Ce que nous fîmes aussitôt, espérant bien trouver à la Réunion le secours que nous refusait l'ancienne *île de France*.

La nuit qui précéda notre départ de Maurice fut marquée par un fâcheux accident : un enfant de trois ans, le nommé Ramen, mourut dans les convulsions de l'empoisonnement, tué par l'ignorance d'un Malabar qui lui administra à mon insu des médicaments indiens dont il ne connaissait pas l'usage. Cet enfant n'avait qu'une simple indigestion contractée à la suite d'un repas trop copieux. Je lui avais déjà fait prendre les remèdes *ad hoc*, c'est-à-dire quelques gorgées d'eau chaude et une ou deux tasses d'infusion de thé.

Le 27 juillet, à midi, nous arrivions au mouillage sur rade de Saint-Denis (Réunion) où, dès le lendemain, nous fûmes admis en libre pratique par le Conseil de santé.

Notre intention était de ne séjourner dans cette île que le temps nécessaire pour faire reposer notre équipage, renouveler notre eau et compléter notre lest ; mais certaines circonstances, parmi lesquelles il faut citer la maladie du capitaine, vinrent contrarier nos projets et mettre fâcheusement obstacle à nos idées de départ.

Du 27 juillet au 14 août, pendant notre séjour sur rade devant Saint-Denis, nous perdîmes encore deux personnes, un homme et un enfant de sept ans, affectés l'un et l'autre de pthysie pulmonaire.

Sur ces entrefaites, le capitaine ayant trouvé l'occasion de se défaire à un prix convenable de 1,000 sacs de riz qui devaient être remplacés en poids par le même nombre de tonneaux de lest, nous envoya à la Possession pour y déposer cette marchandise.

Partis de St-Denis le 15 août, à quatre heures du matin, nous arrivions le même jour sur la rade de la Possession où nous prîmes mouillage.

Là commencèrent nos infortunes et le mauvais destin qui, depuis, n'a pas cessé de nous poursuivre.

Le 18 août, pendant que le *Jeune-Albert* était encore à l'ancre en rade de la Possession, je reçus à ma visite du matin une femme atteinte d'une éruption vésiculeuse qui me parut être de suite une varicelle bien nette et bien marquée.

Le lendemain 19, je fus bientôt confirmé dans mon premier diagnostic par l'entrée à l'hôpital de deux autres femmes porteuses de vésicules semblables ; enfin le 20, 4 malades, dont un enfant, entrèrent à l'infirmerie du bord, atteints de la même affection

En présence du nombre progressif de ces varicelleux, je crus de mon devoir d'informer en toute hâte les autorités compétentes. En conséquence, j'écrivis de suite à St-Denis, et, dans ma lettre, je posai nettement et sans détours la question suivante au Conseil de santé : « *Ne serait-il pas dangereux pour la Colonie de continuer d'admettre plus long- temps en libre pratique un navire sur lequel la varicelle semble devoir prendre des proportions épidémiques.* »

La réponse du conseil de santé fut affirmative, et deux jours après nous reçûmes l'ordre d'aller mouiller devant la Ravine à Jacques pour déposer nos malades au Lazaret. Nous devions nous-mêmes rester en quarantaine à bord, jusqu'à décision contraire de l'autorité.

Le 24 août, veille de notre départ de la Possession pour la Ravine à Jacques, nous avions perdu un de nos passagers ; il avait succombé à la fièvre typhoïde.

Nous avons mouillé devant le Lazaret de la Ravine à Jacques le jeudi 25 août à 11 h. du matin. Ce jour-là, la communication nous fut impossible avec l'établissement de la santé à cause du mauvais état de la mer qui brisait avec violence contre les galets de la plage.

Le lendemain nous nous hasardâmes dans une embarcation, et nous apprîmes du chirurgien chargé du service de la quarantaine qu'il ne lui était pas possible de recevoir nos malades si nous n'étions pas munis d'une pièce à cet effet délivrée par la direction de l'intérieur.

Cet ordre de débarquement ne nous avait pas été remis et ne nous fut pas envoyé non plus, mais nos malades n'en guérirent pas moins à bord dans l'espace de quelques jours.

Le 31 août notre état sanitaire n'offrant plus rien d'alarmant, j'eus l'honneur de vous écrire pour vous informer que la quarantaine pouvait être levée et que le *Jeune-Albert* était dans la possibilité de reprendre le cours de son voyage accidentellement interrompu.

Seulement, l'incident de la varicelle avait fait suspendre à bord l'embarquement de l'eau destinée à la continuation de la campagne ; je prévoyais encore un séjour, sur rade de Saint-Denis, de 12 jours ; je voulus en profiter pour faire disparaitre les derniers vestiges de la varicelle qui commençait à reparaître, ainsi que la gale dont le développement venait d'atteindre dans ces derniers temps des proportions inquiétantes.

En conséquence, je priai mon capitaine de vouloir bien faire les démarches nécessaires auprès des autorités, pour donner suite à une demande à vous adressée dans laquelle j'exprimais le désir de débarquer tous mes Indiens du bord, à la Grande Chaloupe, pendant tout le temps que le navire continuerait à faire son eau ; ce qui devait me permettre de guérir facilement tous les galeux, et mettre en même temps les personnes atteintes de dysenterie dans de meilleures conditions hygiéniques.

Ma proposition fut goutée et accueillie. L'on accorda avec empressement le débarquement de nos passagers Indiens, et le 8 au matin nous partîmes de St-Denis avec des pièces en règle pour nous rendre au mouillage de la Grande Chaloupe que nous attrapîmes ce même jour.

La dysenterie qui avait tant sévi à notre bord pendant la traversée de Pondichéry à St-Denis , s'arrêta presque subitement dès notre arrivée à la Réunion, sous l'influence d'une nourriture moins échauffante et d'un air plus pur et moins humide.

Un de nos matelots, le nommé Adolphe Bidos envoyé à l'hôpital militaire de St-Denis , mourut quelques jours après victime de cette cruelle maladie. — Il est mort emportant dans la tombe le regret de tous ses camarades et, l'estime de tous ses chefs qui ont pu apprécier ses bonnes qualités et éprouver son zèle infatigable.

Mais le fléau qui avait décimé nos rangs reparut à notre bord deux semaines après avec une nouvelle intensité. J'ai attribué cette deuxième apparition de la dysenterie à l'humidité des nuits ainsi qu'au froid succédant continuellement à la chaleur. — Je m'explique : — pendant notre séjour en rade de St-Denis, nos passagers avaient contracté la mauvaise habitude de dormir en plein air et sur le pont que la fraicheur des nuits rendait froid et humide; en outre, il n'a jamais pu entrer et je n'ai jamais pu faire entrer non plus dans un cerveau Malabar que l'on ne devait pas sortir de l'entrepont , surtout la nuit, sans prendre certaines précautions indispensables à la conservation de la santé, telles que de se couvrir d'une chemise de laine , ou stationner quelques minutes dans un milieu moins chaud , par exemple, sous un panneau de l'entrepont ou aux pieds d'une échelle; car le thermomètre marquait presque toujours en bas de 25° à 27° , tandis qu'il faisait froid et quelquefois réellement froid sur le pont. Ces causes ne seraient encore, à mon avis, que secondaires et favorables seulement au développement de la dysenterie, aussi leur ajouterai-je, pour l'envisager comme origine de tout mal, l'agglomération dans un même lieu d'une grande quantité d'individus devant former une atmosphère ambiante viciée et insalubre.

A notre arrivée à la Grande-Chaloupe nous comptions encore à notre bord 20 dysentériques, la plupart dangereusement malades.

La varicelle dont nous avons commencé à ressentir les premiers effets pendant notre séjour en rade de la Possession, ne nous a point quittés depuis.

Cette affection a été caractérisée par les symptômes suivants : accélération dans le pouls, céphalalgie, larmoiement, angine plus ou moins intense, douleurs dans le dos et à l'épigastre, nausées et quelquefois vomissements. Je n'ai jamais observé de fièvre secondaire, mais le travail de l'éruption a déterminé chez quelques malades une agitation extrême allant jusqu'au délire.

L'éruption était caractéristique et ne pouvait être confondue avec l'éruption que l'on remarque dans la variole et même dans la varioloïde ; elle était constituée par des vésicules disséminées en plus ou moins grand nombre sur la figure, le tronc et les membres. Ces vésicules pleines d'un liquide séreux ne tardaient pas à se flétrir ou à se remplir d'un fluide opaque ou lactescent.

La dessication commençait en général dès le cinquième

jour et quelquefois du septième au huitième. La chute des croutes a été en général assez tardive à cause de la malpropreté des personnes affectées.

A l'époque où nous sommes descendus à la Grande-Chaloupe nous avions eu 35 varicelleux depuis le moment de la première apparition de la maladie ; il nous en restait encore 21.

Quant à la gale, je suis à présent fermement persuadé de l'avoir embarquée à Pondichéry avec les émigrants. Je ne puis pas préciser au juste à combien devait s'élever le nombre des premiers galeux qui existaient à bord après l'embarquement, mais je suis fondé à croire qu'il ne devait pas être éloigné de 50.

Cette affection, comme on doit bien le penser, loin de guérir n'a fait que se propager, non pas tant à cause de la difficulté d'appliquer un traitement opportun, qu'à cause de l'impossibilité de l'exécution du traitement.

Dans un rapport que j'ai eu l'honneur de vous adresser à St-Denis le 4 août, j'estimais que les galeux pourraient atteindre le chiffre de 90 ou 100 au plus ; depuis, une visite plus rigoureuse et plus attentive passée à terre, m'a fait découvrir que nous étions réellement empestés, car j'ai pu compter alors 238 personnes chez qui la gale était bien prononcée et bien apparente.

Dès notre arrivée au mouillage de la Grande-Chaloupe je suis descendu à terre pour reconnaître les lieux et examiner les logements que nous devions occuper. Mais, je dois l'avouer, dans l'intérêt des navires qui comme nous pourraient demander à débarquer des passagers dans cet emplacement, nous n'avons rien trouvé de propre ni de convenable.

Ce voyant, je me suis mis aussitôt à l'œuvre, et j'ai fait construire, à la hâte et par mes propres ressources, 12 nouvelles cases dont nous doterons en partant le propriétaire de l'emplacement :

Sic vos non vobis nidificatis, aves.

Quand ces travaux d'installation furent terminés, je dus attendre pour effectuer le debarquement que les Cafres du *Samuel* qui étaient internés à la Grande-Chaloupe aient vidé les lieux.

Ce débarquement commencé le 13 septembre à 6 heures du matin, a fini le 14 à 4 heures du soir, sans avaries ni accidents d'aucun genre.

Le 15 au matin, j'ai pris le service médical de terre ainsi que la direction des Indiens; j'avais pour me seconder dans cette pénible tâche : un poste de trois soldats d'infanterie de marine commandé par un caporal, le maître d'équipage du bord, trois matelots, un mousse et un interprète. — Chacun a fait ce qu'il a pu, c'est-à-dire ce qu'il devait.

Les Indiens étaient au nombre de 491 ; je les ai disséminés dans les différents logements que j'avais fait preparer : — les hommes étaient séparés des femmes et ne pouvaient point communiquer avec elles pendant la nuit, les varicelleux avaient leur emplacement à part ainsi que les galeux, enfin les autres malades occupaient un petit hôpital dont l'apparence rustique semblait promettre bon gite et prompte guérison.

Le séjour à terre a promptement amélioré l'état sanitaire de nos passagers : les galeux étaient au bout de quelques jours en pleine voie de guérison, et les plaies aux jambes commencaient déjà à se cicatriser où à revétir un meilleur aspect.

La dysenterie disparut aussi avec non moins de promptitude, et je pourrai dire presque par enchantement, car peu de jours après je ne comptais plus dans mon hôpital que cinq personnes attaquées, dont 4 très-bien convalescentes et mangeant déjà la demi-ration.

Restait seulement la varicelle qui nous inquiéta encore pendant un temps assez long; 40 passagers en furent atteints, l'un d'eux eut même la varioloide et me fit appréhender un moment que d'autres personnes contractassent cette affection, ce qui aurait pu, vous le concevez, devenir très-grave et se prolonger indéfiniment.

Cependant la varicelle disparut à son tour semblant nous abandonner pour toujours; — l'état sanitaire était satisfaisant, je me proposais même de demander l'évacuation de la Grande Chaloupe, lorsque soudain, et sans cause apparente, les deux fléaux qui nous avaient si long-temps éprouvé reparurent de nouveau plus terribles et plus intenses; je veux parler de la dysenterie et encore de la varicelle !

L'on peut avec juste raison attribuer ce retour de la varicelle à la négligence de deux Malabars qui furent infectés et restèrent cachés dans une case de 150 hommes, car c'est de cette case seulement que sont survenus à cette époque tous les nouveaux varicelleux, dont le nombre a subitement été porté à 70.

Et celui de la dysenterie à la désobéissance et à la gloutonnerie dévergondée des Indiens dont j'ai la direction : malgré les plus grandes recommandations, malgré de sévères punitions infligées à ceux qui trompaient ma vigilance, malgré enfin l'instalation des meillenrs moyens de surveillance, ces gens-là abandonnaient clandestinement le foyer pour aller dans la montagne se repaitre de je ne sais quelles herbes et manger des quantités prodigieuses de tamarin vert. Ils en ont fait de tels excès, que la dysenterie née de l'acreté et des propriétés purgatives de la pulpé de la gousse du tamarinier a été incurable et mortelle chez presque tous ceux qui l'ont contractée.

Encore si j'avais eu le bonheur de pouvoir soigner ces maladies dès le débu, peut-être aurais-je eu quelques succès ou du moins quelques chances de réussite ; mais non, aucun malade n'est venu se déclarer il a fallu extirper d'ntre les bien portants des squelettes décharnés, des demi cadavres, qui la langue paralysée et la bouche encore pleine de tamarin, essayaient de cacher leur mal et prétendaient *mordicus* ne pas avoir la dysenterie. J'ai observé parmi quelques uns de ces malheureux jusqu'à 50 selles dans 12 heures, d'une fétidité bien repoussante et d'un aspect bien caractéristique.

Aussi, peu d'entre eux ont échappé ; 14 personnes sont mortes emportées dans l'espace de peu de jours, et j'ai eu le regret de les voir mourir sans pouvoir les guérir, ni même les soulager dans leurs derniers moments. Aucun traitement, aucune espèce de médication n'a pu enrayer la marche de cette terrible affection.

Le nombre des dysentériques s'était élevé dans ce moment de 4 à 33.

J'ai, pour être complet, à mentionner encore la perte de trois petits enfants morts de froid et d'inanition, victimes de la négligence ou de l'inconduite de leurs mères. L'un , le nommé Peyen, âgé de 8 mois, ne doit pas figurer au nombre des malades de l'hôpital : sa mère atteinte de dysenterie chronique, depuis plus d'un mois, cachait son état et fournissait ainsi à son nourrisson une nourriture empoisonné que le mal a bientôt fait tarir entièremènt.

Les deux autres étaient âgés de quelques jours seulement ; ils étaient tous deux nouvellement nés à la Grande-Chaloupe et respiraient un petit air de vie et de santé qui faisait plaisir à voir. Mais ils n'ont pas tardé , sous l'influence du régime diététique que leur faisaient supporter leurs mères dénaturées , à maigrir et à s'étioler. L'un deux est resté deux nuits entiéres sans linge et sans téter , pendant que l'abominable femme qui l'avait conçu allait chercher à se prostituer.

En ce moment notre état sanitaire n'est pas encore satisfaisant , mais il le devient de jour en jour : La varicelle est éteinte, les Galeux sont guéris et les dysentériques commencent un peu à se relever ; il cesse donc d'être nécessaire que nous prolongions notre séjour en ces lieux. La quarantaine qui pèse sur nos passagers peut être levée sans danger aucun, et le navire peut enfin reprendre le cours de son voyage facheusement interrompu, sans courir de trop mauvaises chances d'insuccés.

Le relevé de ma dernière visite n'est pas du reste bien effrayant, j'ai l'honneur de le porter à votre connaissance afin que vous puissiez juger par vous-même, si c'est avec juste raison que je demande l'embarquement de nos Indiens et le départ du navire.

RELEVÉ DE LA VISITE DU 7 NOVEMBRE 1859.

Dysentériques 30. — (En laissant ici 9 personnes comme je l'ai déjà demandé, il ne m'en resterait plus que 21 dont un grand nombre en voie de guérison et les autres en pleine convalescence.)

Varicelle néant. — Varioloide néant. — Galeux 30. — Aliénation mentale 1. — Bronchite chronique 2. — Fièvre intermittente 2. — Ictère 2. — Plaies aux jambes 6. — Maladies vénériennes 22.

Nous allons donc partir ! nous allons affronter de nouveau le courroux des mers et braver une dernière fois les intempéries des saisons ! La route qui nous reste à parcourir sera longue et pénible ; puisse le ciel ne pas laisser faillir un seul instant le courage qui nous anime et dont nous avons tant besoin, et préserver de tous ces maux affreux ceux qui se placent sous sa puissante protection.

Di meliora piis, erroremque hostibus illum!

Daignez agréer,

Mosnieur le Médecin en chef,

Mes salutations très respectueuses.

HIPPOLYTE BERNAVON.

Isolement de la Grande-Chaloupe (Ile de la Réunion) 12 novembre 1859.

Isolement de la Grande-Chaloupe , 7 novembre 1859.

A MONSIEUR LE CAPITAINE SANDRÉ ,

Commandant le Jeune Albert.

Monsieur le capitaine ,

Permettez-moi de vous exprimer les plus chaleureux remercîments pour la conduite noble et digne que vous avez tenue dans ces moments difficiles.

Si notre courage n'a pas faibli, si les évènements nous ont toujours trouvé zélé et infatigable, c'est que nous avions devant les yeux, pour nous diriger et nous éclairer de son expérience personnelle , un homme que tout le monde à bord aime et vénère et que chacun appelle : son père, son capitaine.

Recevez, avec mes salutations distinguées, l'expression de ma profonde gratitude.

H. BERNAVON.

Imp V DETVAL, rue du Barachois, 30.

www.ingramcontent.com/pod-product-compliance
Ingram Content Group UK Ltd.
Pitfield, Milton Keynes, MK11 3LW, UK
UKHW021046120726
13693UKWH00006B/2447